AF313132

DÉPÔT LÉGAL
Nᵒ 7476
1900
PORTUGAL
102

LE PORTUGAL. S'il est un nom de pays vraiment pictural, c'est bien celui de " Castille " qui veut dire " Château ". Les plateaux élevés de Castille sont en effet le château central, la tête et le cœur — haut placé — de la péninsule ibérique. Couronnant de leur austère nudité les pentes heureuses inclinées vers les mers, ces déserts crénelés de montagnes sont comme la terrasse immense d'un donjon qui plane et commande au loin sur les campagnes d'alentour. Ils furent le réduit inexpugnable où les Chrétiens purent se barricader et se refaire pour redescendre ensuite et refouler lentement les Maures envahisseurs ; ils ont fait autour d'eux l'unité nationale, imposé leur langue et leurs rois.

Ainsi la Castille, âpre et pauvre, mais fièrement dressée, porte accrochés à ses flancs comme des trophées de victoire tous les vieux royaumes mauresques reconquis. Au pied de ses contreforts escarpés, Catalogne, Valence, Murcie, Grenade, Andalousie, déroulent en auréole des terres de lumière et d'enchantement.

Seule, une de ces terres délicieuses rompt le cercle des satellites ; seul, un versant a échappé à la suprématie du haut plateau central : c'est celui qui descend de gradins en gradins vers le couchant pour se baigner dans l'Atlantique.

C'est l'ancienne Lusitanie dont les caps furent longtemps les bornes angulaires du monde connu, dont l'antique " Promontoire Sacré " (1) est encore " l'éperon du navire d'Europe " vers les mers équatoriales. Et si la Lusitanie a suivi au cours de l'histoire une destinée particulière, si, devenue au XIe siècle un état féodal indépendant — le Portugal — elle ne s'est pas fondue par la suite dans le grand corps ibérique, elle le doit assurément à cet Océan dont l'attraction, suivant l'image de Reclus, l'a

(1) Cap St-Vincent.

1

détachée du reste de la péninsule à la façon d'un préci-
pité chimique et l'a fait " cristalliser " le long du littoral.
Adossé aux plateaux castillans par des monts sourcilleux
et des gorges sauvages, le Portugal a boudé
l'intérieur pour se tourner tout entier vers
l'horizon infini sur lequel s'ouvrent ses vallées et ses plaines, d'où lui viennent la grande
houle déferlant sur ses plages, les brises fraiches
et les nuées bienfaisantes qui fertilisent ses campagnes et y mêlent sous un climat délicieux les
essences du Nord à celles du Tropique.

Et quand cet horizon, au lieu d'une barrière, devient une
route fabuleuse, quand les hommes grisés d'une fièvre d'in-
connu voient se réaliser au-delà des mers le vieux mythe de l'Atlan-
tide, le Portugal, soudain n'est plus la borne du vieux monde mais le
seuil du nouveau. De son poste avancé, il s'élance à la tête des plus
hardis navigateurs et, dans la curée fantastique des terres nouvelles, les
Vasco de Gama et les Albuquerque lui taillent au sillage de leurs
caravelles un immense empire colonial.

Ce fut un rêve merveilleux. Ce tout petit pays se hausse jusqu'à jouer
le premier rôle sur la scène du Monde. Il forge et précise sa personna-
lité dans une épopée magnifique et, comme tout se tient et afflue à la
fois dans l'essor d'un peuple qui monte, cette épopée suscite en Camoëns
un poëte inspiré. En même temps qu'il rayonne au loin en une prodi-
gieuse expansion, le Portugal fixe sa langue et sa littérature dans un
chef-d'œuvre national, et se couvre d'une floraison monumentale pleine
de visions lointaines qui fait encore sa plus originale parure.

Depuis lors, la patrie portugaise, cimentée de gloire, a pu subir des
pertes cruelles, de douloureuses éclipses ; elle n'en reste pas moins, au
flanc de l'Espagne, un peuple à part et bien personnel, habitant un pays
admirable où règne un printemps presque perpétuel, et qu'il est intéres-
sant d'étudier dans ses aspects, son tempérament, son histoire et ses
monuments.

Or ceci n'est pas assez su même du public instruit qui voyage et qui
croit trop générale-
ment, et de bonne
foi, pouvoir négliger
le Portugal comme
un fragment secon-
daire de l'Espagne -
fragment dont la na-
tionalité distincte ne
lui apparait que
comme un caprice de
frontière.

2

Ces quelques pages voudraient pouvoir réformer ce préjugé courant,
non pas certes au détriment de la terre d'Espagne dont le tourisme a
appris à bon droit le chemin ; mais en répétant au contraire " Allez en
Espagne " elles voudraient ajouter aussi: " Allez en Portugal ", car l'un ne
dispense pas de l'autre. On n'a pas tout vu dans la péninsule quand on
a fait le voyage classique de Castille et d'Andalousie. Il faut connaître
Burgos, Madrid, Tolède, Cordoue, Séville et Grenade. Mais on ne doit
pas ignorer que sur cette grande route, une autre s'embranche à Medina
qui mériterait d'être aussi parcourue. Celle-là s'en va vers l'Ouest ; au
delà de Salamanque, l'admirable " ville rose " qui érige ses clochers
rutilants sur la nudité inexorable du désert, elle descend par contraste en
des vallées délicieuses vers l'Océan ; elle va vers Lisbonne, déroulant sur
sa rade du Tage un des plus beaux paysages urbains du monde ; elle
conduit dans un pays bien caractérisé qui n'est pas l'Espagne et qui a
d'autres beautés neuves et originales : des monts aux neiges éternelles
comme la Serra d'Estrella ; des paradis de végétation comme Bussaco
et Cintra ; des " Corniches " et des " Côtes d'Azur " comme Cascaès ;
des paysages agrestes et idylliques comme ceux d'Entre-Minho-et-Douro
et d'autres presque africains comme ceux de l'Algarve ; des villes pleines
de couleur, de pittoresque et de souvenirs comme Porto, Coïmbre, Braga,
Guimaraès, Evora... ; des monuments d'une magnificence très particulière
comme les monastères de Thomar, d'Alcobaça, de Batalha et de Belem.

" Quem não tem visto Lisbôa
Não tem visto cousa bôa "

Lisbonne. " Qui n'a pas vu Lisbonne n'a rien vu de beau " dit un
proverbe portugais, un peu trop portugais peut-être, car il
est tout de même sous le soleil d'autres cités admirables... Mais à coup sûr

Lisbonne est parmi les plus séduisantes et c'est à bon droit qu'elle passe pour une des reines du monde, la rivale de Constantinople pour la beauté de sa rade. Cette grande capitale pourrait être la tête d'un plus vaste pays, mais si son rôle politique est borné par d'étroites frontières, son rôle économique est autrement considérable et ne fera

que croître avec le développement des chemins de fer et des paquebots à grande vitesse. Lisbonne semble destinée, par sa situation géographique exceptionnelle, à reprendre de nos jours toute l'importance maritime qu'elle eut au temps des grandes navigations. Son port superbe, le plus sud-occidental de l'ancien continent, est le véritable " quai de l'Europe ", le meilleur " port de vitesse " et la tête naturelle du réseau européen pour tous les pays de l'Amérique latine et de l'Afrique Occidentale (1).

Le Tage, encaissé en Espagne dans une coupure profonde, ne sort de ses défilés qu'en Portugal pour devenir un grand fleuve libre et majestueux, lourd des alluvions arrachées à la Castille. Il va s'amplifiant par la plaine jusqu'à perdre la notion de ses rives dans l'horizon presque infini de la " Mer de Paille " — ainsi appelée, sans doute, de sa belle couleur blonde —, puis soudain il se referme et se reprend lui-même pour déboucher sur l'Océan par un étroit goulet, superbe avenue d'eau que les courants ont affouillée pour les plus grands navires, que les collines riveraines défendent aisément, tandis qu'en arrière la mer intérieure s'épanouit, sûre et calme... C'est sur cette rade immense, au seuil de sa belle porte de mer, que s'est développée Lisbonne. Sur plus de 12 kilomètres, le long de la rive nord, elle déroule à perte de vue la ligne de ses quais et de ses faubourgs, où se pressent à la fois les vaisseaux de haute mer et l'innombrable flottille fluviale qui remonte le Tage sur près de 50 lieues jusqu'à Abrantès — flottille si pittoresque

L'AVENIDA, A LISBONNE

(1) Le port de Lisbonne a été récemment pourvu des installations maritimes les plus modernes : quais accostables pour les plus grands navires, bassins de radoub, magasins, entrepôts, outillage de manutention perfectionné ; en tout environ 45 millions de travaux exécutés par la maison française Hersent. — Le Sud-Express, maintenant quotidien, met ce port à 36 heures, bientôt peut-être à 30 heures de Paris.

avec ses barques multicolores aux formes rebondies d'arches, à la proue recourbée et peinturlurée, aux mâts obliques, aux longues antennes courbes, dont les voiles blanches ou rouges gonflées par le vent prennent sur la clarté de la mer de Paille des aspects d'ailes éployées. Ce menu fretin indigène avec son peuple de mariniers basanés portant les favoris en broussaille et le béret de laine, se mêle sans vergogne à la foule cosmopolite des énormes cargo-boats, des grands paquebots et des voiliers où claquent tous les pavillons du monde ; il se faufile parmi l'éparpillement des grands navires mouillés en rade, pareils à un vol de gros oiseaux posés.

Et derrière cette longue façade maritime voilée de mâtures, la ville escalade l'ondoiement des collines ; elle les couvre de l'empilement de de ses maisons peintes ou habillées de faïences, blanches, roses, jaunes, bleues, d'un rouge-sang parfois — maisons aux toits de tuile terne, si plats qu'ils laissent, presque invisibles, se découper, se superposer les cubes géométriques de maçonnerie, les arêtes vives des murs... Ce ne sont plus des collines, à vrai dire, mais, au dessus du miroir clair des eaux, une longue houle de ruches humaines, aux mille éclaboussures de couleurs chantant dans la lumière, fondues au loin dans une tonalité blanche et rose. Tel est, dans ses grandes lignes, le paysage de Lisbonne. Pour le saisir dans son ensemble, il faut le voir du large, ou mieux, des falaises abruptes d'Almada qui ferment si joliment, en face, le goulet du Tage. Puis, pour en détailler l'infinie variété d'aspects, il faut gravir tour à tour chacune de ces collines ruisselantes de maisons bariolées et d'où l'on voit surgir les autres avec un relief et des perspectives imprévus : la petite terrasse de Graça, les vieux remparts mauresques du Castello S. Jorge les promenades suspendues d'Estrella et de St-Pierre d'Alcantara, sont

autant de belvédères — et aussi le Jardin Botanique, un délicieux pan de végétation tropicale d'où l'on découvre Lisbonne en arrière-plans à travers les palmiers et les lames aigües des aloès. Pour toutes ces ascensions s'offrent une surprenante abondance de funiculaires, de trams et d' " élevadores ", mais ce serait grand'pitié de ne pas grimper à pied, au hasard, au flanc des vieilles collines populeuses, à travers le fouillis des ruelles et des degrés aux notations si amusantes de couleurs, de types et de recoins pittoresques — tel le quartier des " ovarinas ", ces belles gaillardes qui s'en vont le matin par toute la ville crier le

poisson, jambes nues, les hanches roulantes sous le buste immobile, la tête droite sous le grand disque d'osier où s'étoile la marée en rayons d'argent.

C'est par son paysage et ses aspects que Lisbonne est surtout admirable. Hélas ! cette impératrice des mers qui fut au temps des grandes navigations portugaises la cité la plus opulente du monde a vu sombrer en partie ses anciennes richesses d'art et d'architecture dans le fameux tremblement de terre de 1755. Ce fut un effroyable désastre où périrent, dit-on, près de 40.000 personnes. Mais Pombal, le grand ministre, sut faire renaître de tant de ruines des splendeurs nouvelles.

Dans l'étroit vallon du Rocio, il traça au cordeau une ville neuve qui est restée le cœur vivant et élégant de Lisbonne ; un échiquier dont la régularité froide contraste étrangement avec le désordre de la vieille ville montueuse au milieu de laquelle il est profondément enchâssé. Le chef-d'œuvre de cette création de Pombal, c'est sa façade sur le Tage. C'est vraiment un noble décor d'autrefois que cette place du Commerce, toute enveloppée d'une vaste architecture du XVIIIᵉ siècle et grande ouverte au midi sur le fleuve. Trois ailes ajourées d'arcades encadrent l'esplanade nette et sablée ; au milieu, le roi Joseph Iᵉʳ sur un colossal cheval de bronze vert ; en arrière, un arc de triomphe couronné de trophées et de statues ; et comme fond de tableau, bien différent, les vieux quartiers grimpant les collines à droite et à gauche..... à droite surtout ! Là émergent en fort relief, au dessus du dessin solennel de Pombal, les grappes de constructions accumulées au hasard par les siècles sur la plus vieille montagne de Lisbonne, qui fut la ville des Maures et que couronnent encore les murs anguleux et fauves d'antiques fortifications, tandis qu'à son flanc s'accroche la Sé, aux lourdes tours romanes.

Mais si l'arrière-plan accidente le tableau d'un piquant contraste, c'est le premier plan qui en fait la réelle splendeur, je veux dire le Tage couvert de navires, et l'immense horizon clair de la Mer de Paille, fuyant à l'infini en amont, et fer-

mée en face, bien loin, par des profils de monts vaporeux. La place
architecturale se présente exactement comme une scène de théâtre ouverte
sur la rade, dessinée pour le faste et les pompes royales, digne fron-
tispice d'une capitale de l'Ancien Régime.

Volontiers on reconstitue quelque scène historique du siècle passé avec
des déploiements de troupes et d'uniformes dans le cadre théâtral de
cette esplanade, devant le majestueux paysage de mer ; on imagine un
débarquement de souverain sur ce quai de marbre blanc décoré de colon-
nes, sur cet hémicycle qui s'arrondit dans les eaux du Tage, et dont les

TOUR DE BELEM

larges degrés descendent noblement jusque dans le flot, comme pour
s'avancer au devant des canots de gala.

Et comme la place St-Marc a ses pigeons, la place du Commerce a
ses mouettes... Innombrable, leur vol tournoie sans cesse comme de gros
flocons de neige sur la nappe brillante du Tage, ou s'y pose en une infi-
nité de points blancs.

Malgré les groupes de fonctionnaires et d'uniformes qui peuplent les
arcades, à l'entrée des ministères, la place du Commerce garde le calme
qui convient à sa dignité officielle. Le point vital de Lisbonne est à l'autre bout de la ville de Pombal, dans le vallon : c'est le " Rocio " — offi-
ciellement place Dom Pedro IV — dont le pavage en volutes blanches
et noires est le dernier mot du luxe pour les places publiques portugaises
et qui semble littéralement le fond d'un entonnoir, enveloppée qu'elle est
par le cirque des hauts quartiers. C'est sur ce " forum " qu'affluent
toute l'animation et l'élégance de Lisbonne, là que se crient les dernières

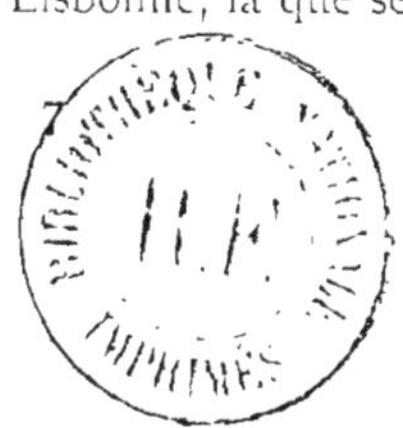

éditions de journaux, que stagnent les flâneurs, que s'échangent les nouvelles, que se croisent en un ronronnement et en un tintement de timbres incessants ces merveilleux trams électriques qui sillonnent sans trève toute la ville et sa plus lointaine banlieue jusqu'en ses recoins les plus escarpés. Sur le Rocio, on sent vraiment battre le pouls d'une capitale... et c'est delà que part l' " Avenida ", l' " Avenue " tout court, l'Avenue par excellence, qui est à Lisbonne ses " Champs-Elysées " et son " Avenue du Bois "; à travers la coquetterie et le modernisme des nouveaux quartiers qui poussent sans cesse vers la campagne, elle déroule la majestueuse perspective de ses allées et de ses parterres, où les palmiers mettent une note très méridionale et qui va buter au loin contre des collines encore vierges.

C'est au soir d'un beau dimanche de printemps qu'il faut voir l'Avenida, quand, dans un poudroiement d'or, les équipages et la foule chatoyante y roulent comme un flot, revenant des arènes qui, tout là bas, hérissent en cercle leurs minarets mauresques. Car Lisbonne a ses arènes et ses courses de taureaux... l'Espagne, alors? — Non pas, et c'est précisément aux arènes portugaises qu'il faut aller si l'on veut saisir un des traits de mœurs qui différencient les deux peuples d'une façon très caractéristique. Ici pas de sang, pas de chevaux éventrés, pas de mise à mort; le taureau " embolado " — c'est-à-dire les cornes gainées de cuir — en est quitte pour la piqûre des banderilles et un simulacre de coup d'épée. La particularité bien portugaise de la course est la pose des banderilles par un cavalier en brillant costume Louis XV, monté non sur une rosse d'équarrissage mais sur un beau cheval arabe à la queue flottante, aux lignes délicates et c'est merveille de voir

8

l'homme et la bête, si fine, lutter d'adresse et de vitesse avec le taureau, échappant par des dérobades rapides à ses foncements de bête brute. Le spectacle n'a pas la grandeur farouche des corridas espagnoles, mais il en garde toute la grâce, le mouvement, la couleur, et il en supprime seulement le côté sanglant, ce dont se réjouiront les âmes sensibles...

Belem. Il est à peine besoin de sortir de Lisbonne pour voir un des chefs-d'œuvre les plus accomplis de cette architecture si particulière dont l'éclosion correspond en Portugal à l'époque la plus glorieuse des grandes navigations et au règne du roi Manuel Ier – d'où son nom de " manoelina " ou " manuelesque ". Cet art, en vérité, d'une exubérance un peu excessive, mais d'une incontestable somptuosité, est plus fait d'emprunts et de souvenirs que d'invention ; c'est un art composite où le gothique flamboyant et la Renaissance servent de trame à mille broderies curieuses inspirées des styles mauresques et même hindous. Pourtant certains détails sont tout à fait originaux et typiques, tels les câbles en spirales, les enroulements de cordages, la sphère armillaire – emblème du roi Manuel –, enfin la croix pattée et évidée de l'Ordre du Christ, que l'on retrouve partout comme la marque même du style manoelina. En somme cette architecture est bien celle d'un peuple navigateur enthousiasmé par les grandes expéditions et hanté de visions exotiques ; son outrance même est dans le tempérament national, et combien il est curieux de voir cet art parlant traduire pour ainsi dire dans la pierre les aspirations et les grandes préoccupations de son époque.

Suivons donc le long faubourg qui s'étire vers la mer le long du Tage... Voici le fameux couvent des Jeronymes de Belem, le cloître immense où deux étages de galeries découpent dans le vide les riches subdivisions de leurs arcs fleuris, la salle capitulaire, les chapelles, le somptueux réfectoire aux lambris historiés de faïences bleues, l'église surtout ouvrant sur le fleuve la dentelle de son portail... entrons : c'est une impression saisissante de grandeur et de recueillement. Pas d'autre

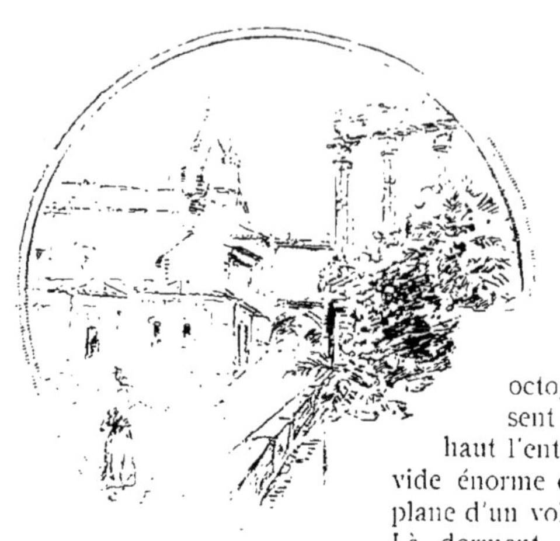

EVORA

lumière que la gerbe de soleil qui fait irruption par la grande porte et s'épand de là, diffuse, dans l'immensité du vaisseau, jouant avec les demi-teintes nuancées qui filtrent par les verrières losangées de jaunes et de bleu. Et dans le mystère de ce clair-obscur, six piliers octogonaux couverts d'arabesques jaillissent dans la nef pour aller soutenir bien haut l'entrelac des voûtes, tandis que sur le vide énorme du transept cette résille de nervures plane d'un vol hardi, sans un point où se poser. Là dorment, sur leurs tombeaux sculptés, des princes et, plus grands que les princes, Vasco de Gama, Jean de Dieu, Camoëns...

A quelques pas, un étrange donjon surgit au bord du Tage, où le sombre appareil féodal lui-même se présente sous les plus délicats dehors manuelesques. C'est la fameuse Tour de Belem poussant jusque dans les eaux du fleuve ses échauguettes fleuries et ses créneaux blasonnés, campée à l'entrée du chenal comme un bon chevalier du moyen-âge, mais revêtu d'une précieuse armure de parade. La silhouette est charmante de ce bijou de forteresse et, de sa plateforme, le panorama est merveilleux sur la coulée du Tage sillonnée de navires, ouverte en trouée à l'ouest sur l'infini du ciel et de l'eau. Quand les caravelles, arborant à leurs voiles blanches la croix rouge du Christ, appareillaient jadis pour les mers inconnues, la Tour de Belem était pour elles la dernière vision de la terre natale au-dessus de l'horizon ; son image devait hanter les hardis navigateurs et, au retour, ils devaient la saluer de loin comme la sentinelle avancée du pays, l'heureux présage de la rentrée triomphale dans les eaux calmes où se mirait alors la métropole d'un formidable empire colonial.

Cascaès. Passé Belem, les rives du Tage s'ouvrent sur la mer libre et la houle de l'Atlantique, se propageant sans obstacle du grand large, vient mourir et se rouler longuement sur les plages les plus occidentales de l'Europe, douces plages de sable fin ourlant d'un ruban d'or festonné le rivage lumineux et tiède. Lisbonne a là, à ses portes, l'enchantement d'une " Côte d'Azur ".

Un chemin de fer " marginal " y court tout au bord de la mer, longeant les grèves blondes où se hâlent au sec les

longs canots aux formes de pirogues et les barques peinturlurées, où
s'alignent des campements de cabine en plein sable. Il enfile tout un
chapelet d'heureux villages, baignés de soleil et d'air marin, où les lavis
clairs des maisons plates éclatent gaiement dans la végétation méridionale. C'est Algès, Dafundo, Caxias, Paço-d'Arcos, enfin les grandes
stations aristocratiques de la " Corniche " lisbonnaise : Mont-Estoril et
Cascaës. Les villas pimpantes ou somptueuses se plantent en décors sur
les petits caps rocheux, s'étagent parmi les pins et les eucalyptus, dans
des jardins de fleurs hérissés de palmiers et d'aloès. Cascaës, au milieu
de ce paysage de luxe, est restée une jolie bourgade de pêcheurs, éblouis-
sante avec ses maisonnettes de couleurs tendres et ses bateaux multicolores tirés sur le sable. Le croissant harmonieux de la baie se ferme
par la corne rocheuse de la vieille citadelle devenue une innocente
résidence royale : sur la petite terrasse tapissée de fleurs et plantée de
palmiers, les vieux canons de bronze armoriés ne passent la gueule aux
embrasures que pour rire
aux promeneurs et aux jeux
d'enfants. Si l'on double le
promontoire, on voit sou-
dain l'Océan, si doucement
assoupi sur le sable de la
baie, battre furieusement
une côte de roc déchiré :
à la moindre brise, les pa-
quets de mer rebondissent
en gerbes éblouissantes et
s'engouffrent avec un fracas
de tonnerre dans cette si-

nistre fissure qu'on dit être la " Bouche de l'Enfer " — " Bocca de
Inferno ".

Cintra. Le littoral de Cascaës s'ennoblit en fond de tableau d'un
profil de montagne étonnamment dentelé : c'est la célèbre serra
de Cintra, paradis terrestre d'universelle réputation. Cette petite crête
granitique isolée hérisse soudain la douce et claire campagne des envi-
rons de Lisbonne comme tout exprès pour parfaire les dons exception-
nels de cette ville aimée des dieux et lui offrir la montagne avec la mer.

Et quelle montagne ! modeste d'altitude sans doute — guère plus de
500 mètres —, mais pour sa petite taille, d'un relief si tourmenté, si
étrangement aiguisé de pics et de rocs ! Or ces dents accrochant,
crevant au passage les moindres nuées issues de l'Atlantique, assu-
rent aux pentes de la petite chaîne un arrosage exceptionnel sous un
climat méridional : humidité et chaleur, ce sont les qualités d'une serre
et voilà pourquoi la montagne de Cintra est en effet une serre en plein
air, ruisselante d'une merveilleuse, d'une tropicale parure forestière et
florale. Son rude granit soulève et semble secouer par violents soubre-

sauts le trop lourd manteau de cette débordante verdure qui enveloppe comme d'une moëlleuse fourrure son squelette décharné, l'écroulement chaotique de ses blocs gris. Et ce n'est pas ici une toison uniforme comme une sapinière des Vosges, mais une forêt panachée d'essences comme un parc exotique et rare ; les touffes des verdures claires s'y marient aux cônes sombres des sapins, aux dômes arrondis des pins parasols, aux feuillages brunis des chênes-verts, aux ramures noires des grands cèdres qui versent une ombre d'encre...

Aux premières pentes de la montagne, Cintra étage ses villas claires, habillées de tons roses, bleu de ciel, jaune pâle, comme de robes de fête. Un vieux château royal s'érige au milieu, bizarre amas de constructions mauresques, gothiques, manuelesques, plus bizarrement dominé encore par les deux colossales cheminées coniques de ses cuisines   tout à fait analogues à la fameuse cheminée de Fontevrault, en Anjou.

Mais ce n'est que le commencement des surprises monumentales de Cintra. Droit au-dessus de la petite ville, deux cimes architecturées se dressent. A la crête de l'une, empilement de chaos granitiques, le " Château des Maures " enroule en collerette ses vieux murs crénelés, comme une broderie émanant des rochers mêmes, se pliant à tous leurs caprices. Quand à l'autre, c'est, au propre et au figuré, le " clou " du tableau ; c'est le piton de la Peña, une pointe suraiguë qui se prolonge dans le ciel par la silhouette aérienne d'un castel de théâtre, piqué là haut comme un défi, caprice de roi, invraisemblable autant par son site que par son style — dont on peut dire qu'il n'en a pas à force de les avoir tous. L'œuvre est con-

COUVENT D'ALCOBAÇA

testable dans le détail, mais l'ensemble est étourdissant de ce pic qui se termine en palais des mille et une nuits, et voit s'étaler à ses pieds, en un tour d'horizon complet, une immense étendue de campagnes, Lisbonne, la Mer de Paille, le goulet du Tage et l'Océan à l'infini.

Après l'ascension de la Peña, il faut parcourir encore les routes en lacets qui sillonnent la montagne sous des nefs d'ombrages ; aller jusqu'au palais hindou de Monserrate, fantaisie, non plus de roi, mais de millionnaire, enveloppée d'un parc de rêve ; descendre le vallon de Collares semblable à une corbeille de fruits et qui va piquer ses vignes célèbres jusque dans le sable de la plage sauvage des Maçàs ; s'avancer enfin jusqu'au " Cabo da Roca ", le " Promontorium Magnum " des Romains : c'est l'extrême pointe de la Serra de Cintra et aussi l'extrémité de l'Europe éperonnant l'Océan d'un roc haut de 142 mètres.

L'Alemtejo : Setubal, Evora.

Le pays d' " Outre-Tage " — Alemtejo — et, plus au sud encore, le brûlant Algarve, déjà presque semblable à son vis-à-vis le Maroc, sont encore des pays presque vierges au point de vue du tourisme et, par cela même, d'autant plus séduisants peut-être pour les vrais touristes qui ont dans les veines du sang d'explorateur et le goût des sensations neuves.

Dans cette courte étude je me bornerai à signaler au-delà du Tage deux excursions essentielles que tout le monde peut faire aisément de Lisbonne dans la même journée. De jolis vapeurs traversant la Mer de Paille — rien que cela vaudrait le voyage ! — relient la capitale à " Barreiro ", tête de ligne des chemins de fer qui sillonnent le Sud du Portugal. C'est par ces voies qu'il faut aller voir au moins Setubal et Evora.

Setubal, la troisième ville du Portugal par

THOMAR

sa population, est un grand port sardinier qui reproduit, sous un soleil autrement éclatant, les aspects de nos ports bretons du Finistère, avec la pittoresque animation de sa flottille de pêche et de ses " confiseries " de poissons. Mais son plus grand charme est encore le paysage : une baie admirable, d'énivrantes plantations d'orangers, puis en arrière la montagne de Palmella couronnée d'un vieux " burg " mauresque et féodal, et vers l'Ouest, la charmante Serra d'Arrabida profilant sa crête le long de la mer jusqu'au cap d'Espichel.

Evora est plus loin, très loin, dans l'intérieur. Mais que la traversée est curieuse, pour l'atteindre, du pays vide où ondule, presque sans une trace humaine la grand' lande de l'Alemtejo, les " charnecas " couvertes à l'infini de bruyères arborescentes, cystes, génévriers, myrtes, romarins, avec ça et là, au-dessus de la brousse, des chênes-lièges, des pins, des eucalyptus escortant les rails en longues avenues. Et quelle surprise, au fond de ces solitudes à la fois sauvages et riantes sous leur tapis de fleurs, de voir s'étager la blancheur d'une ville antique où les Romains, les Maures, le Moyen-Age et l'Ere manuelesque ont écrit tour à tour dans la pierre une chronologie monumentale complète. Au sommet de la colline, sur un parvis désert et calme, un Temple de Diane en ruines

voisine encore avec une robuste cathédrale du XII siècle, près d'un vieux logis crénelé à la mauresque. Derrière la colonnade romaine, un jardin s'avance en terrasse, plein de fleurs éclatantes : c'est un endroit délicieux pour y rêver. Rien ne trouble l'évocation du long passé, des civilisations successives qui ont laissé là leurs témoins côte à côte, et de haut, le regard plane sur un doux horizon de tableau italien : une campagne verte et claire avec des plantations grises d'oliviers ; au loin, une ligne bleue qui ondule ; tout près une mince file d'arcades sur un vallon : c'est un

14

THOMAR, COUVENT DU CHRIST

aqueduc construit par Sertorius et qui
verse toujours à Evora son onde pure...

Ligne de l'Ouest : Mafra, Alcobaça, Batalha.

La ligne de l'Ouest qui dessert la région littorale entre Lisbonne et Figueira da Foz, est jalonnée par trois des plus célèbres monuments du Portugal. Ce sont trois anciens monastères.

Le premier, Mafra, est surtout imposant et rappelle l'Escurial des Rois d'Espagne. C'est une colossale construction du XVIIIe siècle, dont la masse quadrangu-

COIMBRE, CATHÉDRALE VIEILLE

laire s'ajoure de plus de 5.000 fenêtres et s'allège des clochers de trois églises. La principale fut imitée de St-Pierre de Rome.

Il faut s'arrêter plus longuement à Alcobaça et à Batalha qui n'ont pas seulement de vastes proportions, mais des beautés de premier ordre. Leur visite est de plus l'occasion d'une charmante promenade d'une trentaine de kilomètres entre la gare de Vallado et celle de Leiria qui offre elle-même un bien joli tableau de petite ville féodale, sous son gros " morne " rocheux, superbement hérissé de ruines. La route parcourt un pays accidenté et verdoyant où les forêts, les pinèdes de haute venue, alternent avec les vignes, les vergers, les plantations d'oliviers et de figuiers ; alignés souvent sur des tapis fleuris de bruyères et d'ajoncs — rouge et or ; des hauteurs, on voit à la fois la montagne qui se profile à l'est, et la mer qui brille par échappées vers l'ouest ; la vie heureuse émane des maisonnettes blanches, coiffées de tuile aplatie, environnées de treilles en toiture ; d'énormes aloès dardant leurs lames blanchâtres, comme des épées, semblent la seule méchanceté de cette nature si douce à l'homme.

Les monastères d'Alcobaça et de Batalha sont, tous les deux, des monuments votifs, élevés dans le transport de la victoire pour chanter au ciel de glorieux " Te Deum ". Le plus ancien, Alcobaça tient aux origines même du Portugal : il fut fondé en 1148 par Affonso Henrique, en reconnaissance de la victoire du campo d'Ourique qui assura la fondation de la monarchie, en brisant la suzeraineté castillane. Au fond d'une vallée étroite, sur la grande place d'une petite ville ensoleillée, il développe ses vastes bâtiments et la façade dorée de son église, rehaussée de nobles emmarchements. Mais ce visage refait au XVIIIe siècle est trompeur : il précède la majestueuse perspective d'un long, sobre et pieux vaisseau du plus pur style gothique naissant. Les cloîtres ont aussi un grand caractère d'archaïque simplicité, surtout celui de Dom Diniz avec ses deux étages d'arcades et l'avant-corps ajouré de son lavatorium où chante le murmure frais d'une fontaine. C'est dans une chapelle d'Alcobaça que reposent en de splendides tombeaux le roi Pierre Ier " le Justicier " († 1367) et la tendre Inès de Castro, l'héroïne d'un des plus beaux drames d'amour de l'histoire. Son mystique et farouche amant voulut être inhumé près d'elle, pieds contre pieds afin, dit la chronique, qu'en se relevant au jour du Jugement, leur premier regard soit un regard d'amour...

Le monastère de Batalha — c'est-à-dire " de la Bataille " — est d'une époque de l'Art beaucoup plus avancée ; il fut commencé en 1388 pour commémorer la victoire remportée par Jean Ier sur les Castillans (toujours !) à Aljubarrota. On traverse ce village en venant d'Alcobaça et les cochers ne manquent pas d'indiquer du bout du fouet la pelle légendaire enchâssée au front du municipe comme un glorieux emblème. La tradition rapporte en effet qu'une simple femme — une Jeanne Hachette portugaise — se servit de cette arme originale pour assommer à elle seule six Catillans et les jeter dans son four !

C'est un émerveillement que l'apparition de Batalha : on rendrait difficilement la sensation première que suscitent ces guipures de pierre surgissant en pleine nature, au fond d'une belle conque verdoyante. L'église dominante et toute auréolée d'arcs-boutant, la chapelle octogonale du Fondateur aux fastueuses sépultures royales, les chapelles imparfaites au chevet, les deux cloîtres, le réfectoire, la salle capitulaire sous sa fameuse voûte d'une seule volée... tout cela fait un grandiose ensemble de pierre ouvrée, d'un blanc légèrement doré, qui s'ajoure, s'affine et s'envole dans une surabondante mais très pure floraison. Les plus délicates ciselures du gothique flamboyant tapissent les murs, remplissent les fenêtres, brodent les arcs, courent et rampent sur toutes les arêtes jusqu'à la pointe du clocher et des pinacles ; la même galerie à jour aiguisée de fleurs de lys couronne partout les arétes, dessine le rebord des toitures, comme le même volant de dentelle ourle toutes les pièces d'une lingerie précieuse.

L'église absolument vide allonge sa triple avenue dans toute la pureté de lignes de sa pierre nue ; l'absence de triforium, l'élévation considérable des grands arcs montant jusqu'à la claire-voie lui donnent un élan superbe. A part cette particularité et le profil typique des toitures de pierre plates portant collerettes fleurdelysées, Batalha est un pur édifice gothique du Nord à la dernière période. Mais la couleur locale, avec toute l'exubérance du style manoelina, se retrouve dans l'ornementation des chapelles imparfaites, somptueuse rotonde octogonale qui n'a jamais reçu sa coupole, et dans la clôture ajourée du grand cloître royal où la pierre fleurie fait un si admirable cadre aux vraies fleurs éclatantes des parterres.

16

De Lisbonne à Porto : Thomar, Coïmbre, Bussaco.

Nous voici sur la maîtresse ligne de l'intérieur, sur le " Grand Central " portugais, reliant... j'allais dire les deux capitales, par un ruban d'acier de 358 kilomètres, que d'excellents rapides couvrent en cinq heures. Les cent premiers kilomètres se déroulent dans la grande vallée du Tage jusqu'à Entroncamento où se détache la ligne directe de Madrid, puis la voie se replie au Nord pour passer bientôt près de Thomar.

Thomar complète la série des grands monastères portugais, et, à vrai dire ce n'est pas ici un simple monastère ; c'est toute

COIMBRE, COUR DE L'ÉVÊCHÉ

une cité monastique que ce formidable couvent qui fut une commanderie de Templiers avant de devenir le berceau et la tête de l'Ordre du Christ. Sur sa petite " montagne des oliviers ", il ressemble de loin à quelque vieille ville forte abandonnée, au-dessus de la jolie ville moderne qui s'étale à ses pieds dans la vallée.

Pour l'aborder, il faut doubler un vieux château féodal, aux murs fauves effrités, planté en sentinelle ; puis on pénètre dans l'enceinte : un jardin solitaire, parfumé d'orangers, une impression de silence planant sur de grandes choses mortes... au fond, de larges degrés de pierre à double rampe et à balustres, puis une terrasse dallée. Là se dresse l'église qui est une antithèse de pierre, un accouplement étrange de deux édifices aussi disparates qu'on peut les rêver. Au chevet c'est l'antique église ronde des Templiers, un massif et rébarbatif pâté de pierre grise, presque aveugle, appuyé d'épais contreforts obliques et couronné de machicoulis comme une forteresse. Or cet archaïque cylindre se prolonge par une nef du goût manoelina le plus outrancier et le puls somptueux ; d'énormes câbles de navires passés dans des anneaux s'enlacent à ses flancs, et se nouent lourdement autour des fenêtres ; à la façade s'ouvre un oculus dont le large ébrasement figure une voile roulée et serrée par des cordages ; la galerie ajourée qui court au bord du toit est faite de sphères armillaires et de croix pattées... c'est là l'œuvre la plus typique de cet art si éminemment portugais.

Autour de l'église, qui émerge de l'ensemble, se développe tout un

monde de bâtiments, enveloppant toute une série de cloîtres d'époques et
de styles divers. Quand on croit avoir tout vu, on débouche avec un
étonnement renouvelé sur quelque vaste cour architecturale et, derrière
celle-là, c'en est encore une autre. Il en est de la Renaissance primi-
tive et de la Renaissance tournant au classique ; il en est surtout un
gothique, tout petit mais délicieux ; ses arcs pointus retombent sur de
fines colonnettes accouplées et sa cour dallée est ornée, à la mauresque,
de grandes jardinières octogonales en " azulejos " d'où jaillisent des
orangers et des fleurs... c'est d'un charme intime, vieillot et exquis...

Thomar est derrière nous ; le train a brûlé Pombal, au nom fameux,
dont le vieux castel ébréché hérisse un mamelon, et voici qu'il franchit
le Mondego devant l'amphithéâtre de Coïmbre, la ville blanche aux
étudiants noirs.

Toute blanche en effet, Coïmbre s'érige sur sa colline et se résume
tout en haut dans la masse angulaire de son Université   l'unique
Université de Portugal   trônant ici comme il convient, reine de cette
ville qui lui sert de piédestal escarpé et qui ne vit que d'elle. Comme
Oxford et Cambridge, Coïmbre doit un cachet très particulier à son peuple
remuant d'étudiants
qui vont toujours
tête nue, tout de
noir vêtus avec une
redingote à collet
droit et une longue
cape flottante tom-
bant jusqu'aux ta-
lons . Toute cette
jeunesse studieuse
vit en petites " ré-
publiques " dans les
ruelles montueuses
où les hautes mai-
sons blanches s'é-
clairent de fenêtres
à guillotine, où la
mandoline pend à
côté des livres. Sa
vie se règle au son

BUSSACO

de la " Cabra " la cloche qui tinte là haut au beffroi universitaire, à
l'angle de la " Via Latina ", le docte péristyle. Et sans trop de peine,
dans ce calme décor provincial, au sein d'un pays enchanteur, les fils de
famille portugais conquièrent les grades qui leur sont conférés selon
les rites d'une vieille Université d'Ancien Régime, fidèle à ses pompes et à ses traditions. La main de Pombal se retrouve encore dans ces
fortes institutions et dans le faste de la grande Salle des Actes, de la

chapelle, de la bibliothèque, où les ors partout ruis-
sellent et " se relèvent en bosse ".

En dehors de l'Université, Coïmbre possède
d'ailleurs une riche parure monumentale. Tout au
bas de la ville, l'époque du roi Manuel a produit
encore une œuvre charmante : l'église de Santa
Cruz et son cloître du Silence — silence que rompt
seul le bruit frais de l'eau retombant dans des vas-
ques parmi les fleurs. A mi-côte, c'est la Sé Velha,
le bijou roman du Portugal, un tout petit édifice très
pur avec ses robustes contreforts, son plein cintre
archaïque, sa belle couleur fauve ombrée d'une
patine noire, et les créneaux aiguisés qui hérissent son profil plat à la façon d'un alcazar mau-
resque. De l'intérieur, nu, descend une grande impression de recueillement et de piété ; les lignes puissantes et sobres de l'architecture du
XIIe siècle se dessinent dans un clair-obscur qui laisse jouer aux parois
des collatéraux les émaux assourdis des revêtements d'azulejos. Combien cela est plus beau que la grande bâtisse jésuitique, pourtant
somptueuse, de la Cathédrale neuve, où le culte a émigré tout en haut
de la colline. En compensation, tout à côté, il y a la vieille cour de
l'Evêché, si noble dans son délabrement et toute grande ouverte à travers
les arcades de sa loggia italienne sur la dégringolade de la ville et le
paysage ravissant de la vallée.

Au pied de Coïmbre, le Mondego déroule un large ruban d'eaux
limpides et sans profondeur, glissant en minces nappes argentées sur le
sable qui émerge çà et là en taches blondes. La campagne délicieuse-
ment verte se redresse en collines harmonieuses et s'étage en amont jusqu'à de beaux arrière-plans de montagne tout pétris de lumière bleue.

Au delà du fleuve on voit se détacher à mi-côte le grand couvent
de Sta Clara dont la vieille église abandonnée est à demi enlisée dans
les alluvions de la vallée. Tout près de là, parmi la flore exotique de la
" Quinta das Lagrimas ", touchant pélerinage d'amour, jaillit la fontaine qui but les larmes d'Inès de Castro implorant ses bourreaux, puis
le sang de l'innocente victime. Et depuis lors l'onde cristalline s'épan-
che sous l'ombrage funè-
bre des grands cèdres, sans
avoir pu laver la pierre
rougie ni effacer la trace du
monstrueux forfait.

Passé Coïmbre, les rails
viennent longer les petits
monts rutilants de Bussaco,
voilés d'un moutonnement
de forêts dont la splendeur
rappelle Cintra.

19

Luso, une petite ville de bains, s'y accroche à mi-côte et, plus haut, l'enceinte de l'ancien couvent de Bussaco est un asile de paix et de fraîcheur, où l'austérité monastique a fait place au luxe d'une station estivale. Le grand hôtel occupe un merveilleux palais manuelesque dont la blanche architecture émerge de la nappe sombre des bois. Là, les religieux ont jadis acclimaté les plus rares essences d'outre mer ; la végétation tropicale couvre la pente raide de la montagne avec une puissance de forêt vierge. Un sentier grimpe en lacets aigus dans le mystère et l'enveloppement de la verdure et relie tout un éparpillement étagé de chapelles, de petits ermitages rustiques, de " déserts " monastiques perdus sous le couvert, tapis dans des coins feutrés de feuillages et de mousses, où ne filtre qu'une lumière verte... Tous ces édicules, abandonnés en pleine nature, ont été repris par elle, noyés dans la vie intense et silencieuse des plantes. Le chemin aboutit, à travers un fourré d'oliviers tordus et tourmentés à la Cruz Alta (547 mètres), vieux calvaire suspendu sur un formidable à-pic de verdure et sur un horizon de toute beauté : en avant, les derniers étriers de la montagne s'abaissent sur la plaine ourlée là-bas d'un liséré de grève éclatante, puis c'est l'Océan à l'infini, qui semble monter dans le ciel ; en arrière, les croupes lourdes de forêts se chevauchent harmonieusement et s'échelonnent en plans étagés jusqu'aux crêtes neigeuses de la Serra d'Estrella... C'est tout le Portugal qui se déroule sous les yeux et l'on voit bien clairement d'ici qu'il n'est pas autre chose que la chute des hauts plateaux de Castille sur l'Océan.

A l'orée de la montagne, la gare de Pampilhosa se cache sous les grands eucalyptus dont les troncs dépouillés jaillissent en minces colonnades et laissent pendre leur écorce en lanières déchiquetées. C'est là que s'embranche la ligne de la Beira Alta ; là bifurque le Sud-Express pour monter longuement par des ravins profonds, contourner la Serra d'Estrella et atteindre enfin les hauts plateaux où il cingle vers Salamanque... et Paris. Quant à la ligne de Porto, elle se rejette vers la mer qui déferle sur un long rivage de dunes mouvantes fixées par des pins, comme sur notre littoral français des Landes. La ressemblance va jusqu'à donner un pendant au Bassin d'Arcachon : c'est la grande lacune d'Aveiro qui s'enfonce au sein d'une " petite Hollande " portugaise. Le train vient rouler sur la plage même, en plein sable, devant les coquettes villas de Granja et d'Espinho et, bientôt, il accède à Porto par le fil aérien du pont Maria-Pia, tendu sur la gorge profonde du Douro.

Porto, Braga, Guimaraës, La vallée du Douro.

Porto est une ville admirable de relief, de couleur et de mouvement. Son site est, si je puis dire, aussi anti-urbain que possible, mais pour cela même d'un pittoresque achevé. Le Douro qui est à 5 kilomètres de son embouchure y coule dans un profond couloir granitique et l'on se demande comment une grande cité active de près de 200.000 habitants a pu se loger au bord d'un fleuve si farouchement enclos dans le rocher. Cependant elle l'a pu, à force de grimper et de s'accrocher, en plaquant aux escarpements ses alvéoles pressées, en se laissant couler par les ravins jusqu'à la berge.

On voit dès lors quel peut être l'aspect de Porto : un grand fleuve limoneux profondément encaissé, couvert de navires mouillés dans le courant, d'allèges qui assaillent en foule les bords encombrés parmi les petits bateaux de pêche et les barques du haut Douro ; sur cette trouée de lumière, la vertigineuse envolée d'un pont métallique de " style Eiffel " dont l'arc géant s'arrondit à 60 mètres au-dessus du fleuve ; et sur la rive droite, le fouilli d'une grande ville terriblement escarpée, entassant sur deux collines rocheuses ses maisons aux couleurs violentes — mosaïque éclatante, dont chaque petite pierre est une maison populeuse et qu'enveloppe une tonalité rougeâtre.

21

A droite, c'est la colline de la Sé, couronnée d'un vaste palais épiscopal du XVIII siècle et de la cathédrale qui a un joli cloître gothique tapissé de faïences bleues historiées. C'est à ses flancs que s'enlacent les ruelles si typiques du vieux Porto, étroites tranchées d'ombre où grouille le bas peuple. Aux rez-de-chaussée, de pauvres étalages de fruits, de victuailles, de poissons frits, s'offrent à l'orée d'étroits réduits, sans autre jour que la porte et dont le fond se noie dans l'ombre ; ou bien, à l'orifice à peine clair de ces antres noirs, ce sont des artisans qui travaillent et vendent leurs menus produits comme dans les " souks " arabes ; à un angle de rue, une lampe suspendue sous un auvent brûle devant une madone ; dans un carrefour, des musiciens guenilleux grattent des guitares et râclent du violon... c'est le Porto dégoûtant et délicieux qui fait la joie des artistes.

Le " bourgeois " préférera sans doute les aspects de grande cité moderne, commerçante et riche qui se rencontrent sur l'autre colline, ponctuée de la haute tour fioriturée " dos Clerigos ", et dans le vallon central. Là est la place vitale de Porto, pavée de zigzags blancs et noirs et dédiée à Dom Pedro IV, à l'instar du " Rocio " de Lisbonne. Là sont les édifices publics, les rues élégantes, les jardins, notamment le parc ombreux du Palais de Cristal, qui s'avance à pic au-dessus du Douro : à travers ses feuillages, on voit sur l'autre rive le cap rocheux de la Serra do Pilar avec son vieux couvent et sa chapelle ronde entourée d'eucalyptus, puis les longs toits rouges des " armazens " de Villa Nova de Gaia, entrepôts du fameux " Port-Wine " si cher aux Anglais ; en aval, toute la coulée du fleuve se déroule jusqu'à la mer où la ville a pour annexes maritimes les plages de San Jean da Foz, de Mattosinhos et le nouveau port en eau profonde de Leixoes.

C'est au bord du Douro que la vie de Porto offre le plus d'intensité et de caractère. On ne saurait imaginer la couleur et le mouvement du quai de Ribeira par exemple, où l'enchevêtrement des bateaux sur le fleuve se double d'un incroyable grouillement de bêtes et de gens sur la rive. Les bêtes sont d'admirables bœufs à la robe fauve, aux cornes formidables mais d'une courbure exquise, attelés par paires sous de hauts jougs en bois sculpté et ajouré qui sont de curieux chefs-d'œuvre d'art rustique. Et ces bœufs traînent de primitifs et archaïques chariots, grande corbeille ou simple planche munie de pieux, roulant sur deux disques

de bois grossièrement évidés de deux trous. Porto, la grande ville moderne, ne connait pas d'autres véhicules de charge que ces chars antiques ; les bœufs font tous les transports et eux seuls peuvent les faire à travers cette ville montueuse avec leur force lente, docile et tenace. Il faut les voir les chars à bœufs ; guidés par un enfant qui crie et s'agite comme la mouche du coche, tirés par les bêtes calmes, baissant leur tête aux gros yeux doux, il faut les voir grimper la pente invraisemblable de la rue qui tombe sur le port et qu'on a zébrée de rubans de pavés saillants pour caler les roues après chaque effort de l'attelage : c'est une sorte d'escalier à bœufs.

Quant aux gens, c'est un pêle-mêle amusant de types noirs et basanés aux loques multicolores, de femmes surtout qui sont les portefaix de Porto et qui vont pieds nus, vêtues d'étoffes voyantes, vivantes cariatides, dont la tête ne plie pas sous des charges souvent énormes. D'autres sont accroupies par terre, vendant des fruits, du poisson ; des enfants en haillons, à demi-nus, courent et jouent parmi la foule... Et tout ce mouvement s'encadre entre les étalages bariolés qui s'entassent d'un côté sous les vieilles arcades bordant le quai et, de l'autre, le fouillis d'agrès et de mâtures des bateaux aux formes si pittoresques où le poisson argenté, ici un tas d'oranges, là un chargement de soufre, piquent des notes éclatantes.

De Porto, il faut parcourir le délicieux pays d'Entre-Minho-et-Douro, où la végétation et la lumière du Midi s'allient à la fraîcheur, à la verdure des pays océaniques du Nord et à la sauvagerie des contrées granitiques. On a là en somme l'impression d'une Bretagne plus montagneuse, plus riante, plus ensoleillée, où les genêts sont presque des arbres chargés d'or, où les bruyères et les accidents de roche ne sont qu'un contraste piquant à l'épanouissement des fleurs les plus rares, à la richesse débordante des pampres qui tapissent partout les treilles et s'enroulent aux troncs des grands arbres émondés pour leur servir de support vivant. ... Une Bretagne qui serait en même temps une Provence.

Que décrire en particulier ? Je ne puis que citer rapidement la vallée du Lima, qui va s'ouvrir par un vaste estuaire devant la riante Vianna do Castello ; la vieille ville archiépiscopale de Braga et sa fameuse montagne de pèlerinage, le " Bom Jésus ", dont les monuments sont de mauvais goût, mais d'où l'on regarde parmi les fleurs, sous les ombrages, un ravissant paysage ; Guimaraès, encore une ville antique, où prit racine, selon la légende, le bâton que Wamba planta en terre..., enfin, la vallée du Douro qui s'offre, à l'issue de notre voyage, comme une admirable route de retour.

De Porto en effet un chemin de fer va rejoindre la haute vallée où le Douro, étranglé dans les montagnes, roule au fond d'un lit sauvage tout encombré et hérissé de granit... Si jamais cours d'eau parut indomptable à l'homme, c'est bien ce grand torrent tumultueux ! Et pourtant il porte

23

les longues barques qui emmènent à Porto les précieuses vendanges du
" Paiz do Vinho " : c'est merveille de voir ces flûtes fragiles que dirige
à l'arrière une longue rame, évoluer, si petites, parmi les rochers et
remonter la violence du courant à la seule force de leur voile blanche.

Sur près de 150 kilomètres, le train serpente au fond du grand sillon
qu'éclaire le Douro, puis, au flanc de gorges sauvages, il s'élève longuement, planant sur des abîmes, et débouche enfin sur la saisissante
uniformité des plateaux de Castille. C'est là qu'il va rejoindre, à Salamanque, la grande ligne Paris-Lisbonne, bouclant ainsi la boucle, le
" Tour de Portugal ", dont la " Ville rose " est comme le précieux
fermoir.

Marcel MONMARCHÉ.

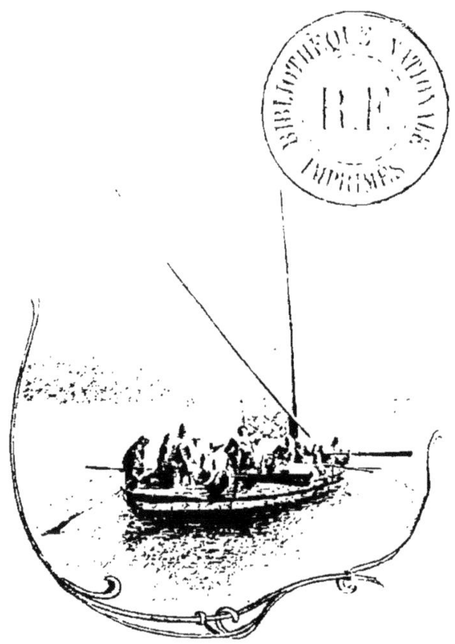

BARQUE SUR LE DOURO

GRAVURE ET IMPRIMERIE
PRIEUR & DUBOIS & Cie
PUTEAUX-SUR-SEINE

PUBLICATIONS MARCEL MONMARCHÉ
ARPAJON SEINE-ET-OISE